AF542979

NÉCROLOGIE

NOTICE

SUR

GEORGES-ÉDOUARD PARAVEY

NÉGOCIANT

Ancien Membre de la Société Impériale Havraise d'Études Diverses

PAR LE DOCTEUR AD. LECADRE

Président de la Société Impériale Havraise d'Études Diverses,
Membre correspondant de l'Académie Impériale de Médecine, etc., etc,
Chevalier de la Légion-d'Honneur.

HAVRE
IMPRIMERIE LEPELLETIER
1868

NÉCROLOGIE

NOTICE

SUR

Georges-Edouard Paravey

Négociant, ancien membre de la Société Havraise d'Etudes Diverses

Aux hommes qui, comprenant l'honorable mission de notre Société d'études, ont toujours cherché à l'élever dans leur esprit, ainsi que dans celui des autres, et l'ont honorée de travaux d'une grande utilité et d'un puissant intérêt, à ceux là, dis-je, la Société Impériale Havraise d'Études Diverses doit une marque d'un souvenir bien mérité.

Georges Edouard Paravey naquit le 16 Juin 1808 à Mayence, lorsque cette ville, faisant partie de l'Empire Français, était le chef-lieu du département du Mont-Tonnerre. Les premières années de Paravey se passèrent dans cette ville qu'il ne quitta qu'en 1816, pour venir à Paris et pour y commencer son éducation au collège de Sainte-Barbe. Ce fut dans cet établissement si légitimement réputé, qui a produit un grand nombre d'excellents élèves et même des célébrités, qu'il fit toutes ses études. On a souvent dit que toute notre vie dépend de la tournure plus ou moins favorable que prend l'aurore de notre existence. Paravey fut là pour prouver la vérité de cette assertion. Au collège, avec son goût pour le travail, avec sa grande facilité d'étude, il sut orner son esprit et prendre la passion du savoir ; d'un autre côté, par son caractère aimable, bienveillant et enjoué, il ne manqua pas de faire ample provision de relations amicales qu'il conserva toujours. Aussi lorsqu'en 1825 il eut terminé ses humanités, pût-il sortir de Sainte-Barbe avec une riche moisson de connaissances diverses, un amour du travail qui ne le quitta jamais, et entouré de la part de ses condisciples de témoignages de sympathie qui le suivirent durant sa carrière entière.

A sa sortie du collège, Paravey, entré dans la maison de banque de son père, y prit les premières notions du commerce, tout en suivant les cours de l'Ecole de Droit de Paris. Forcé, peu de temps après, d'imprimer une autre direction à la carrière qu'il avait choisie et qu'il semblait devoir suivre, il entra, en 1828, dans l'imprimerie de M. Duverger, à Paris, afin d'y tenir la comptabilité et en même temps apprendre les rudiments de l'art typographique. Mais un grand attrait l'appelait au Havre, où vivait et savait se faire aimer une partie de sa famille. Il y arriva vers 1830, et débuta tout d'abord par être commis dans la maison Baudin-Etesse, fort importante dans notre ville en ce moment.

L'homme qui aspire au titre de négociant éclairé ne saurait l'obtenir qu'avec la possession de langues vivantes étrangères, qu'avec la science qu'apportent les voyages et la connaissance des habitudes commerciales inhérentes à tel ou tel pays. Dès 1831, Paravey quitta donc le Havre pour aller en Angleterre, afin de s'y perfectionner dans la langue du pays et continuer son apprentissage du commerce, suivant l'expression bien vraie d'un de ses savants amis, M. L. Quicherat, de l'Institut. (1) Son caractère toujours aimable lui créa, en Angleterre comme en France, de durables amitiés.

---

(1) Discours prononcé par M. Louis Quicherat, membre de l'Institut, sur la tombe de M. Georges-Edouard Paravey, décédé au Havre le 11 Avril 1868.

Rentré dans sa patrie en 1834 et revenu au Havre, il entra dans une maison de commerce faisant de grandes affaires avec l'Amérique. Son dévouement et sa capacité ne tardant pas à être connus, il sut bientôt acquérir la confiance du chef de la maison qui, étant presque toujours absent, lui laissa sa procuration et lui confia la direction de ses bureaux au Havre. Ce fut dans ces circonstances qu'à titre d'époux il prit place dans une famille des plus honorées de notre ville, dont le nom est toujours présent à la mémoire de tous ceux qui l'habitent depuis un certain nombre d'années. Ce ne fut pas très longtemps après cette époque qu'il voulut devenir Membre de la Société Havraise d'Etudes Diverses. Appelé dans cette société laborieuse en 1839, il y acquit tout de suite une position distinguée. Dès 1840, il en devint le Secrétaire. C'était dans ce temps une mission grave et pénible que celle de secrétaire, car la société n'ayant point encore pris le parti de publier ses productions, à la fin de chaque année, il était dans les attributions de celui-ci de faire un compte-rendu dans lequel il s'étendait sur la nature des travaux, en en donnant une analyse longue et complète. Paravey excellait dans ce genre d'exercice, et l'on peut dire que les résumés analytiques des travaux de la Société Havraise d'Etudes Diverses pour la huitième, la neuvième et la dixième année, sont des chefs-d'œuvre en ce genre. A ces comptes-rendus très substantiels ne se bornèrent point les productions de Paravey, au sein de notre compagnie. Les souvenirs d'Allemagne, pays si pittoresque et si légendaire, où il avait passé son enfance, revinrent à sa mémoire. Après avoir reproduit, en termes élégants, l'aspect des environs de Damstaldt, où surgissent de tous les côtés, châteaux, tours et donjons, il se prit aux légendes de ces contrées si riches de souvenirs, et les raconta avec le sentiment de poésie qui lui était familier.

Plus tard, toujours fidèle à son penchant pour les traditions de l'Allemagne, dont il possédait parfaitement l'idiome, il lut, devant la société, des aperçus sur la musique considérée comme une véritable langue de sentiment. Ces aperçus étaient le résultat d'une étude approfondie qu'il avait faite d'une histoire universelle de la musique, vaste recueil en deux volumes in-4° de 800 pages chacun, par Jean-Nicolas Forkel, professeur de philosophie et maître de chapelle à Gottingue, à la traduction duquel il travaillait. L'œuvre de notre collègue était le résultat d'une profonde érudition. On en peut juger par les dernières conséquences qu'il en tirait : « On doit entendre par le mot musique, disait-il, une » langue universelle des sentiments, et son étendue est aussi » grande que celle d'une langue complète *des idées*. Et de » même que dans la *parole*, les indices de la plus grande » perfection d'une langue sont la richesse dans les expres- » sions de toutes les pensées possibles, avec leurs rapports, » la justesse et l'ordre dans la liaison de ces expressions, » et la possibilité de faire servir toutes les expressions aux » buts qu'un homme qui parle se puisse proposer; de même » dans la langue des tons, richesse de combinaison des tons, » justesse et ordre dans leur liaison et but déterminé, sont » les trois marques principales auxquelles on reconnaisse » une musique véritable. »

Ne pouvant omettre tout ce que l'étude de la musique présente de varié et d'intéressant, dans une autre séance, il entreprit une longue et savante dissertation sur l'histoire de la musique chez les anciens Egyptiens. La musique, comme la poésie, dut, chez les peuples anciens, naître du moment où l'homme chercha à élever sa pensée au-dessus des objets matériels. — Les diverses phases que présentent les progrès de la musique correspondent aux grandes périodes de civilisation dans le monde ancien.— L'Egypte ancienne fut trop l'amie des arts pour avoir pu négliger la musique. — Rien ne prouve cependant que les Egyptiens poussèrent cet art très loin. — La musique chez eux était d'un mode grave et sévère. — La notation n'a jamais été chez les Egyptiens que chose très imparfaite. — En un mot l'art musical resta en Egypte assez stationnaire, et il fallut le renouvellement de ce pays par la conquête d'Alexandrie, pour le faire sortir de l'état primitif et léthargique dans lequel il s'était maintenu si longtemps.

Paravey avait fait de sérieuses études en numismatique : aussi fut-il souvent, au sein de la Société d'Etudes Diverses, l'arbitre pour juger de la provenance de certaines médailles, et de la valeur de certaines monnaies ou jetons. Il fournit même une *notice sur les moutons d'or*, fort instructive, dans laquelle il démontra que le mouton d'or, remontant à Saint-Louis, et qui valait sous le règne de ce monarque 10 sols parisis ou 12 sols 6 deniers tournois, perdit successivement de sa valeur sous les règnes suivants, et sous le roi Jean n'en avait plus qu'une moindre de moitié.

La parole de Paravey était nette, précise, imagée. Où il excellait surtout, c'était lorsqu'il rendait compte d'un ouvrage qu'il venait de lire. Il savait saisir son auteur corps-à-corps, extrayait avec esprit toute l'essence du livre et joignant aux assertions de son auteur les siennes propres, auxquelles il imprimait un tour pittoresque, il faisait une analyse piquante et claire, dont on voyait toujours venir la fin avec déplaisir.

En énumérant ces divers travaux tous intéressants à des points de vue divers, on se prend à regretter vivement deux choses ; c'est que d'abord la Société d'Etudes du Havre n'eut point encore à cette époque pris l'habitude de publier, afin de conserver de pareilles œuvres ; en second lieu, que les exigences commerciales n'aient pas permis à Paravey de continuer la série de ses productions. Il venait d'être élu vice-président de la Société à laquelle il avait consacré tant de travaux utiles et pleins d'intérêt, quand arriva 1848, qui vint apporter un trouble profond dans toute notre économie sociale et politique, et par suite dans notre Havre commercial. Bien des maisons de notre cité furent ébranlées, et de cet ébranlement résulta pour beaucoup de personnes un changement complet de position sociale. Paravey devait aussi, lui, se ressentir d'un pareil état de choses. De négociant il devint banquier. Et voici à quelle occasion. Afin de venir en aide au commerce et à l'industrie partout en souffrance, une pensée large et patriotique créa à Paris un comptoir d'escompte avec ramifications dans toute la province. Cette création, aussi bien dans la capitale que dans les départements, fut le produit de souscriptions déterminées non par un désir de lucre qui n'était rien moins que probable, mais bien par un sentiment national, véritablement juste et légitime.

Le Havre eut aussi son comptoir d'escompte et Paravey en fut nommé le directeur. Tout le monde approuva ce choix, et cette sanction fut par la suite encore plus universellement applaudie ; lorsque des circonstances nouvelles l'obligèrent à déposer la gestion en d'autres mains. « Dévouement sans » bornes, ordre parfait, tact, justice, impartialité, égal souci » des intérêts des sociétaires et de ceux du commerce » Havrais, » telles furent les qualités que, suivant la parfaite appréciation de M. Quicherat, déploya Paravey durant sa laborieuse gestion et desquelles, par un juste retour, il lui fut donné de trouver la récompense. Un vieux négociant du Havre, vénéré pour son intégrité, habile dans l'art de juger les hommes, M. P..., avait pu se rendre compte, durant tout le temps que Paravey fut directeur du comptoir d'escompte, de la solidité et de la justesse de ses vues. Il se trouva que, justement en ce moment, son fils, qui lui avait succédé dans sa maison de commerce, et qui marchait dans les errements d'honorabilité parfaite qui lui avaient été transmis, avait besoin d'un aide et d'un porteur de procuration, afin d'être assisté dans ses vastes opérations. Paravey, l'homme dont la grande valeur était reconnue partout, lui fut signalé par son père. Il se l'adjoignit, en fit son ami et ne s'en sépara que d'une manière violente, lorsqu'une mort prématurée vint l'enlever à son intéressante famille, à ses nombreux amis, au commerce du Havre qu'il honorait par sa profonde intelligence et par ses qualités éminentes. Paravey resta tout ébranlé de ce choc inattendu. Commençant à sentir lui-même le besoin du repos, il prit alors un grand parti, celui de ne pas attendre davantage, de se dérober au mouvement des affaires et de remettre la maison parfaitement en règle aux mains des fils de l'honorable défunt. Depuis longtemps, d'ailleurs, il appelait de tous ses vœux un peu de loisir, afin de se livrer entièrement au culte de la famille, à son penchant prononcé pour les recherches scientifiques de toutes sortes, et à la pratique, sans obstacles, des diverses fonctions gratuites qui étaient venues le chercher. Car sa profonde expérience l'avait fait appeler dans le conseil de la banque et dans le corps éminent des juges du Tribunal de Commerce. C'était encore beaucoup pour Paravey qui, en toutes choses, voulant toujours bien faire, avait constamment en perspective le perfectionnement et le progrès. Le progrès, de quelque part qu'il vint, lui était si cher qu'en 1866, lorsque l'Association Normande dut tenir ses assises au Havre, sollicité pour faire partie de cette utile association, « Je n'ai pas été encore à même de pouvoir l'apprécier, répondit Paravey à celui qui sollicitait son adhésion, mais le progrès est-il le but de cette société ? Oui, lui fut-il répliqué. — Eh bien ! ajouta Paravey, dès aujourd'hui je veux y voir figurer mon nom ». Ce trait peint la tendance d'esprit de notre collègue durant toute sa vie.

Paravey était encore jeune. Ayant toujours joui d'une santé parfaite, on pouvait espérer qu'il dût profiter longtemps du repos qu'il avait si bien mérité, et de la nouvelle vie qu'il projetait. Mais la mort ne respecte rien ; elle se rit des desseins des hommes ; quelques jours de maladie suffirent pour arracher cet homme de bien, d'esprit et de savoir à ses nombreux amis, et il ne resta plus à ces derniers que de répéter avec M. Quicherat, son vieux compagnon d'étude et l'interprète des sentiments de la population : » Oui nous » l'avons connu comme vous, avec ses qualités solides et » aimables, son intelligence, la rectitude de son jugement, » son équité, sa loyauté, son idée élevée du devoir et de » l'honneur, sa modération, sa modestie, sa bienveillance, » son caractère serviable, son aménité, enfin avec cette individualité remarquable qui attirait tout le monde par un » aimant très puissant. »

Havre — Imp. Lepelletier

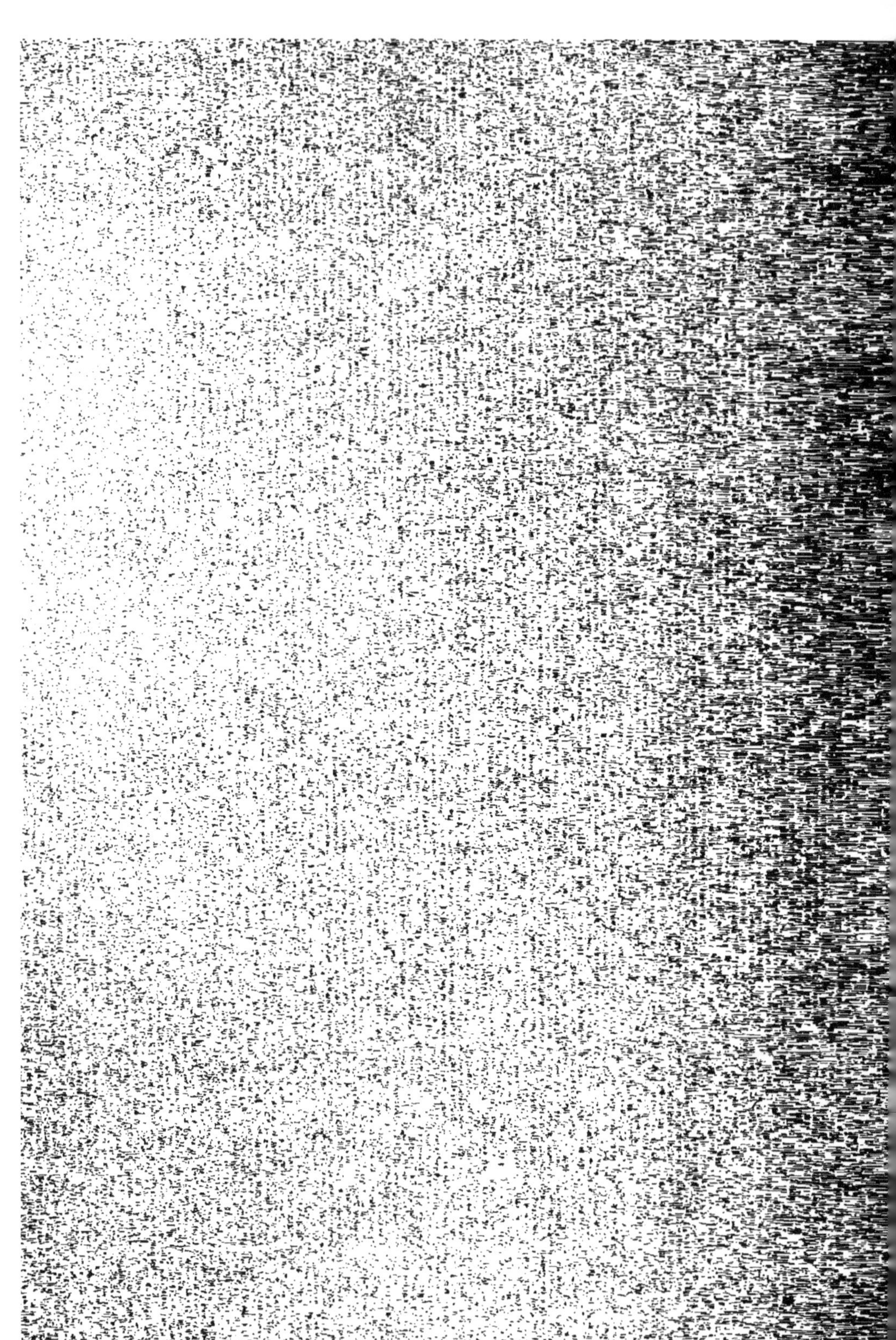

www.ingramcontent.com/pod-product-compliance
Lightning Source LLC
LaVergne TN
LVHW020511230826
846091LV00008BA/3464

9782012392526